Michael Bächle, Jochen Ritscher

Arbeitsberichte zur Wirtschaftsinformatik

Studiengang Wirtschaftsinformatik, DHBW Ravensburg

Band 1

Enterprise 2.0 - Social Software im unternehmensinternen Einsatz

GRIN - Verlag für akademische Texte

Der GRIN Verlag mit Sitz in München hat sich seit der Gründung im Jahr 1998 auf die
Veröffentlichung akademischer Texte spezialisiert.

Die Verlagswebseite www.grin.com ist für Studenten, Hochschullehrer und andere Akade-
miker die ideale Plattform, ihre Fachtexte, Studienarbeiten, Abschlussarbeiten oder Disser-
tationen einem breiten Publikum zu präsentieren.

Michael Bächle, Jochen Ritscher

Arbeitsberichte zur Wirtschaftsinformatik

Studiengang Wirtschaftsinformatik, DHBW Ravensburg

Band 1

Enterprise 2.0 - Social Software im unternehmensinternen Einsatz

GRIN Verlag

Bibliografische Information der Deutschen Nationalbibliothek: Die Deutsche Bibliothek verzeichnet diese Publikation in der Deutschen Nationalbibliografie; detaillierte bibliografische Daten sind im Internet über http://dnb.d-nb.de/ abrufbar.

1. Auflage 2008
Copyright © 2008 GRIN Verlag
http://www.grin.com/
Druck und Bindung: Books on Demand GmbH, Norderstedt Germany
ISBN 978-3-640-70452-1

Enterprise 2.0 - Social Software im unternehmensinternen Einsatz

Empirische Untersuchung und Einsatzempfehlungen

Arbeitsberichte zur Wirtschaftsinformatik

Nummer: 01/2008

Autoren: Jochen Ritscher, Michael Bächle

Berufsakademie Ravensburg

Studiengang Wirtschaftsinformatik

Bibliographische Information Der Deutschen Bibliothek
Die Deutsche Bibliothek verzeichnet diese Publikation in der Deutschen Nationalbibliografie;
detaillierte bibliografische Daten sind im Internet über http://dnb.ddb.de abrufbar.

Herausgeber:	Studiengang Wirtschaftsinformatik, Berufsakademie Ravensburg
Anschrift:	Marienplatz 2
	88212 Ravensburg
	+49 (0) 751 / 18999-2731
	e-mail: baechle@ba-ravensburg.de
	http://wiservices.ba-ravensburg.de
Version:	1.0

Inhaltsverzeichnis

Abbildungsverzeichnis

1 Einführung

Durch Projekte wie Wikipedia[1], Flickr[2] oder MySpace[3] ist Social Software in den letzten Jahren im Kontext der „Web 2.0-Bewegung" immer mehr in den Fokus der Öffentlichkeit getreten[4]. Deren großer Erfolg und die damit verbundene rapide Verbreitung im privaten Umfeld wecken zunehmend hohe Aufmerksamkeit aber auch eine vorsichtige Zurückhaltung von Unternehmen[5]. Interessant ist die Betrachtung von Social Software aus der Sicht von Unternehmen - oder umgekehrt, die Analyse des unternehmensinternen Einsatzes aus der Softwaresicht von Web 2.0 (Stichwort: Enterprise 2.0) um herauszufinden, an welchen Stellen Social Software im betrieblichen Umfeld eingesetzt werden kann, wo Social Software besonders effektiv ist und welche Herausforderungen und kritischen Erfolgsfaktoren von der Einführung bis zur Nutzung beachtet werden müssen.

1.1 Problemstellung

Drei Leitfragen werden im Folgenden diskutiert:

1. Wo ist der Einsatz von Social Software im Unternehmen sinnvoll?
2. Welche Arten von Social Software stiften im Unternehmenseinsatz Mehrwert?
3. Welche kritischen Erfolgsfaktoren sind bei Einführung und Nutzung zu beachten?

Die Betrachtung des **Einsatzes von Social Software im Unternehmen** beschränkt sich in dieser Studie auf den internen Einsatz und vernachlässigt die Anwendung an den Schnittstellen zum Kunden und dem gesamten Unternehmensumfeld, vor allem den Einsatz von Social Software als Marketinginstrument (z.B. durch „Blogmarketing"[6]) und in der Interaktiven Wertschöpfung (der „Open Innovation"[7]).

---

[1]Vgl. http://de.wikipedia.org
[2]Vgl. http://www.flickr.com
[3]Vgl. http://www.myspace.com
[4]Vgl. FOCUS (2007); Bächle (2006)
[5]Vgl. McKinsey (2007)
[6]Vgl. Wright (2006)
[7]Vgl. Piller und Reichwald (2006)

Die **kritischen Erfolgsfaktoren** stellen die Schlüsselbereiche dar, die über den Erfolg in einem Social Software-Projekt maßgeblich entscheiden und die bestimmen, ob die gesetzten Ziele erreicht werden.[8] Bullen und Rockart (1981) definieren den Begriff wie folgt:

> *„Critical Success Factors are the limited number of areas in which favourable results will ensure successful competitive performance for the individual, department or organization."*[9]

Folglich soll untersucht werden, welche Anforderungen bei Einführung und Einsatz der vorgestellten Social Software-Werkzeuge zu kritischen Erfolgsfaktoren werden.

1.2 Ziel

Ziel der Studie ist es, beim Leser mittels wissenschaftlich fundierten und in der Praxis erprobten Einsatzmöglichkeiten ein solides Verständnis des Potentials und der Signifikanz von Social Software im unternehmensinternen Einsatz zu schaffen. Die Verknüpfung von Theorie und Praxis anhand der kritischen Erfolgsfaktoren und Handlungsempfehlungen soll dem Leser schließlich als Grundlage für Entscheidungen hinsichtlich der Unternehmenskultur und der IT-Infrastruktur dienen, sowie einen Handlungsrahmen für Einführung und Betrieb von Social Software-Lösungen entwickeln.

---

[8] Vgl. Bullen und Rockart (1981), S. 4
[9] Bullen und Rockart (1981), S. 3

2 Studie

2.1 Untersuchungsgrundlage

Die Studie knüpft an den bisherigen Stand der Forschung an. Der Unternehmenseinsatz von Software aus dem gesamten Web 2.0-Umfeld wurde bisher von Berlecon Research[10] und McKinsey[11] untersucht. Außerdem gibt es zu den bekanntesten Social Software Werkzeugen - Wikis und Blogs - detaillierte Studien wie zu Wikis die Wikipedistik[12] und zu Blogs die EuroBlog 2007[13] bzw. die Blogstudie 2007 der Uni Leipzig[14]. Eine weitere interessante Grundlage bilden die Ergebnisse einer Online-Umfrage zu den Barrieren und Erfolgsfaktoren des Wissensmanagements der FH Köln[15]. Die Erkenntnisse aus den genannten Studien fließen in die Fragegestaltung dieser Untersuchung mit ein, wobei das Hauptaugenmerk Social Software in der unternehmensinternen Anwendung gilt.

2.2 Forschungsdesign und Untersuchungsmethode

Entgegen der anderen, bereits genannten Untersuchungen, soll eine ganz bestimmte Gruppe betrachtet werden, die sich sowohl regional als auch in ihrem Kompetenzprofil einschätzen lässt. Als angestrebte Grundgesamtheit für die Studie wurden demnach alle Unternehmen bestimmt, die als Partnerunternehmen (Ausbildungsunternehmen) der Berufsakademien in Baden-Württemberg im Bereich der Wirtschaftsinformatik auftreten. Als Partnerunternehmen werden in diesem Zusammenhang Unternehmen bezeichnet, die Studienplätze für Wirtschaftsinformatiker (BA) bereitstellen oder in der Vergangenheit bereitgestellt haben. Als Quelle dienen hierbei die von den jeweiligen Berufsakademien veröffentlichten Firmenlisten für Studienbewerber.

Die endgültige Erhebungs-Grundgesamtheit schließt Partnerunternehmen der Berufsakademien Heidenheim, Lörrach, Mannheim, Mosbach,Ravensburg, Stuttgart, Villingen-Schwenningen

---

[10]vgl. Berlecon Research (2007)
[11]vgl. McKinsey (2007)
[12]http://wikipedistik.de/
[13]http://euroblog2007.org/
[14]http://www.blogstudie2007.de/
[15]vgl. Linde (2005)

sowie der Württembergischen Verwaltungs- und Wirtschafts-Akademie (VWA) Stuttgart ein. Erhebungseinheiten sind hier die Geschäftsführung sowie die Ansprechpartner für Personal und Ausbildung der entsprechenden Unternehmen.

Faktisch vermindert sich die Erhebungs-Grundgesamtheit zusätzlich, da es sich beim Erhebungszeitraum um die Hauptferienzeit handelt. Erreicht wurden 400 der insgesamt 617 angeschriebenen Ansprechpartner. Dies entspricht einem Erhebungsumfang von 64,8% der Erhebungs-Grundgesamtheit. Davon beteiligten sich 160 Unternehmen an der Befragung, was eine Rücklaufquote von 40% darstellt. Die Umfrage gibt dem Probanden die Möglichkeit den Link zum Fragebogen an Kollegen weiterzuleiten um auch Erfahrungen aus der IT-Leitung und dem Kommunikationsmanagement miteinbeziehen zu können. Aus diesem Grund gingen 242 Antworten ein. Das entspricht einem Schnitt von jeweils ca. 1,5 Antworten pro Unternehmen.

Die Studie verwendet drei aufeinander aufbauende Untersuchungsstufen:

1. Qualitative Interviews ex ante

2. Online-Befragung

3. Qualitative Interviews ex post

2.3 Strukturmerkmale

Im Fragebogen wurden verschiedene Strukturmerkmale abgefragt um die Probanden und damit die befragten Unternehmen besser einordnen zu können, da die Umfrage anonym durchgeführt wurde. Die Strukturmerkmale werden des Weiteren für die Klassifizierung der Umfrageergebnisse verwendet. Entsprechend der Ergebnisse der Umfrage setzt sich das Profil der teilgenommenen Unternehmen und Personen wie folgt zusammen:

2.3.1 Profil der teilgenommenen Unternehmen

Branche

An der Studie nahmen Unternehmen aus den verschiedensten Branchen teil. Der Branchenauswahl wurde die Klassifikation der Wirtschaftszweige des Statistischen Bundesamts[16] zugrunde gelegt.

Der Sektor IT-Dienstleistungen ist entsprechend der Grundgesamtheit (Bezug zur Wirtschaftsinformatik) überrepräsentiert und macht 43,42% der Probanden aus. 10,53% der weiteren Unternehmen stammen aus dem Maschinenbau, jeweils 5,92% aus der Chemie, der Elektrotechnik/Feinmechanik/Optik und dem Handelsgewerbe. Die restlichen 28,29% verteilen sich auf verschiedenste weitere Branchen.

---

[16]vgl. Statistisches Bundesamt (2003)

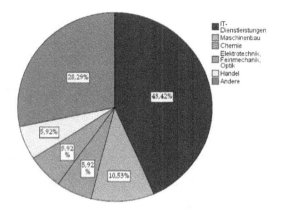

Abbildung 2.1: Branche

Mitarbeiterzahl

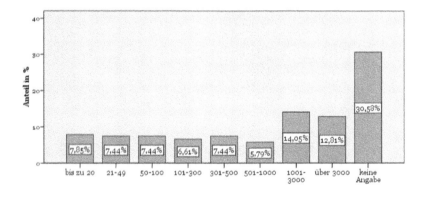

Abbildung 2.2: Wie viele Mitarbeiter beschäftigt Ihr Unternehmen?

Die Unternehmensgröße ist ausgewogen. Sie reicht von 7,85% Kleinstunternehmen mit weniger als 20 Mitarbeitern über zahlreiche mittelständische Unternehmen bis zu 12,81% Großunternehmen mit über 3000 Mitarbeitern. Bekannte Namen unter den Teilnehmern sind zum Beispiel die DATEV eG, ZF Friedrichshafen AG, Voith AG, QUELLE AG, DEKRA AG, COOP-Gruppe, IBM Deutschland GmbH und die Siemens AG.

Internationale Zusammenarbeit

Internationale Zusammenarbeit ist für die Mehrheit der Probanden ein wichtiges Thema. 12% interagieren nur deutschlandweit, 11,6% im europäischen Ausland, 31,4% gaben an mit weltweit verteilten Standorten zusammenzuarbeiten. Dieser Trend zur internationalen Zusammenarbeit entspricht den Prognosen aus Paludan (2007)[17].

Standort

Das folgende Diagramm zeigt die Verteilung der Probanden nach Standort. Neben sechs Schweizern und fünf Probanden aus dem Raum Nürnberg verteilen sich die weiteren Probanden auf das gesamte Land Baden-Württemberg:

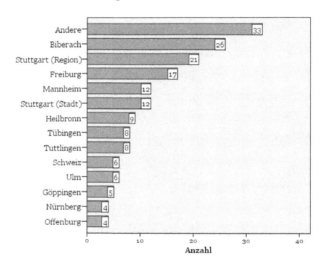

Abbildung 2.3: In welchem PLZ-Bereich befindet sich Ihr Standort?

2.3.2 Profil der teilgenommenen Probanden

In Bezug auf die Probanden wurde nach Geschlecht, Alter und dem Bezug zu Social Software-Projekten im Unternehmen gefragt.

---

[17]vgl. Paludan (2007)

Geschlecht

Die Geschlechterverteilung ergibt sich mit 76% männlichen Probanden überproportional zu 24% Frauen. Dieses Ergebnis kann mit der Wahl der Grundgesamtheit zusammen hängen. Aus Erkenntnissen der Freiwilligenforschung, der Internetnutzung und den angemeldeten Benutzern der Wikipedia lässt sich allerdings vermuten, dass Männer mehr in virtuellen Gemeinschaften eingebunden sind und damit offener für Social Software gelten, als Frauen.[18]

Bezug zu Social Software-Projekten

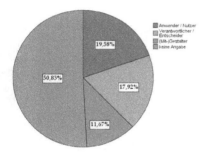

Abbildung 2.4: Welchen Bezug haben Sie zu aktuellen oder geplanten Social Software-Projekten in Ihrem Unternehmen?

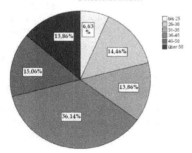

Abbildung 2.5: Wie alt sind Sie?

---

[18]vgl. Frost (2006b), S. 121

7

Mit Social Software-Projekten in Unternehmen konnten sich über 50% noch nicht identifizieren. Mit 19,58% sieht sich der nächst größere Anteil als Anwender, 17,92% als EntsCheider und 11,67% als (Mit-)Gestalter (vgl. Abbildung 2.4).

Alter

Die Altersstruktur der Probanden verteilt sich über alle Altersgruppen, wobei 36,14% zwischen 35 und 45 Jahre alt sind. Auffallend ist, dass das Interesse an Social Software im unternehmensinternen Einsatz nicht bedingt mit der Altersgruppe zusammenhängen muss, da 34,95% unter 35 und 28,92% über 45 Jahre alt sind (vgl. Abbildung 2.5).

Interesse am Thema

38,8% wünschten, die Ergebnisse dieser Studie zugesandt zu bekommen, 5,8% erklärten sich zu einem Interview bereit.

2.4 Bekanntheit und Praxiseinsatz

2.4.1 Bekanntheitsgrad

Bei der Einstiegsfrage wurden acht Werkzeuge aus dem Bereich Social Software vorgegeben. Um herauszufinden wie bekannt jedes einzelne der aufgelisteten Werkzeuge ist, wurde folgendes gefragt: *„Sie sehen nun verschiedene Werkzeuge aus dem Bereich „Social Software". Welche dieser Begriffe kennen Sie - wenn auch nur dem Namen nach?"*

Wikis sind hier eindeutig Spitzenreiter, der Begriff ist 96,68% der Befragten bekannt. Darauf folgen Diskussionsforen mit 84,23%, Instant Messenger und virtuelle Zusammenarbeit mit jeweils ca. 70% und Weblogs mit 65%. Social Networking ist nur für unter 60% ein Begriff.
Auffällig ist hier, dass vor allem Wikis im Vergleich zu älteren Technologien so gut abschneiden. Nicht zuletzt der Hinweis auf Wikipedia als Beispiel in der Fragestellung hat hier wohl den Ausschlag gegeben.
Social Tagging und Social Bookmarking sind für die Befragten Fremdwörter und bleiben unter 10%, da sie sehr technisch orientiert sind.
Diese Frage wirkt sich filternd auf alle anderen Fragen aus. Nur zu Werkzeugen, die ein Proband hier als bekannt markiert hatte, wurden im weiteren Verlauf Folgefragen gestellt.

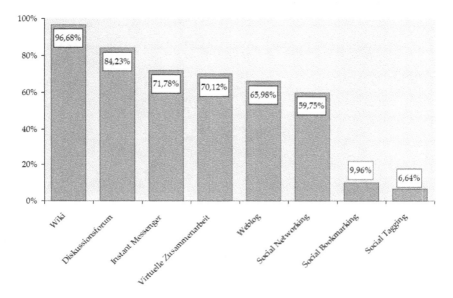

Abbildung 2.6: Sie sehen nun verschiedene Werkzeuge aus dem Bereich „Social Software".
Welche dieser Begriffe kennen Sie - wenn auch nur dem Namen nach?

2.4.2 Nutzungsverhalten

Ausgehend vom Bekanntheitsgrad wird an dieser Stelle nach dem Nutzungsverhalten gefragt. Alle als bekannt ausgewählten Werkzeuge können hier in vier Nutzungsstufen („nutze ich nicht", „nutze ich privat", „nutze ich geschäftlich", „nutze ich privat und geschäftlich") eingeordnet werden. Dadurch kann der Bezug der Person zu Social Software besser eingeschätzt und mit dem Einsatz im Unternehmen verglichen werden.

155 Probanden nutzen Wikis privat und geschäftlich - diese Zahl übertrifft alle anderen in der Studie untersuchten Social Software-Werkzeuge. Mit großem Abstand folgen Social Networking und Instant Messaging. Weblogs werden von den wenigsten Probanden genutzt - abgesehen von Social Bookmarking und Tagging, die ja schon in durch ihren geringen Bekanntheitsgrad in ihrer Relevanz abgewertet wurden.
Im rein geschäftlichen Bereich fällt die starke Position der virtuellen Zusammenarbeit auf, die in der privaten Nutzung kaum Bedeutung hat. Denn privat nutzen die Probanden vorwiegend Instant Messenger, Social Networks, Weblogs und Foren.

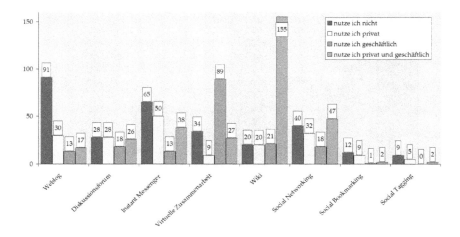

Abbildung 2.7: Welche der genannten Werkzeuge nutzen Sie privat, welche geschäftlich?

2.4.3 Einsatz im Unternehmen

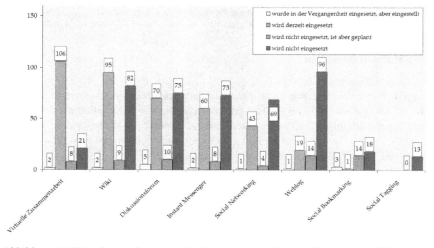

Abbildung 2.8: Bitte denken Sie nun an Ihr Unternehmen. Werden die genannten Werkzeuge dort eingesetzt?

Wie die einzelnen Probanden Social Software nutzen, ist jetzt bekannt. Wie sieht es allerdings mit deren Unternehmen aus? Eindeutig am häufigsten verwendet sind die Werkzeuge der virtuellen Zusammenarbeit. Als Beispiel für diesen Begriff wurden das Desktop-Sharing sowie das kollaborative Verfassen von Dokumenten im Internet genannt. Analog zur letzten Frage sind Wikis in den Unternehmen sehr stark vertreten. 95 Probanden machen immerhin fast 40% aus! Darauf folgen Diskussionsforen, die allerdings auch den höchsten Anteil der nicht mehr eingesetzten Systeme ausmachen. Instant Messaging wird von 60 Probanden (28,91%), Social Networking von 43 Probanden (17,77%) eingesetzt. Weblogs liegen wiederum entsprechend der bisherigen Ergebnisse unter 8%, Social Bookmarking und Social Tagging sind bisher unbedeutend. Es fällt allerdings auf, dass viele Unternehmen gerade den Einsatz von Weblogs und Social Bookmarking planen bzw. vorbereiten. Demnach ist hier in der Zukunft eine Verschiebung zu erwarten.

Wikis im Unternehmen

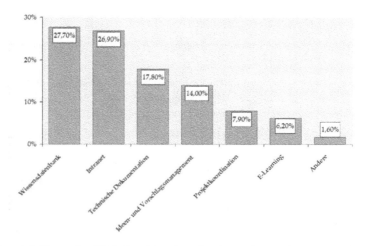

Abbildung 2.9: Wo werden Wikis derzeitig oder zukünftig geplant in Ihrem Unternehmen eingesetzt?

Die befragten Unternehmen setzen vorwiegend Wikis als Wissensdatenbank oder als komplettes Intranetsystem ein. Die technische Dokumentation und das Vorschlagsmanagement sind zwischen 10% und 20% immer noch relevante Einsatzmöglichkeiten. Das Projektmanagement und E-Learning hingegen, werden in den befragten Unternehmen bisher nur spärlich durch Wikis unterstützt.

Weblogs im Unternehmen

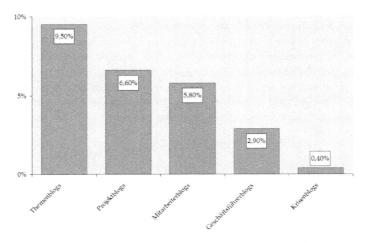

Abbildung 2.10: In welcher Form werden Weblogs derzeitig oder zukünftig geplant in Ihrem Unternehmen eingesetzt?

Der Einsatz von Weblogs konzentriert sich in den befragten Unternehmen auf Themenblogs, Blogs zur Unterstützung der Projektkoordination und von Mitarbeitern verfasste Knowledge-Blogs. Weniger als 3% beschäftigen sich mit dem Thema Geschäftsführerblog. Krisenblogs scheinen für die Probanden irrelevant zu sein.

2.5 Relevanz der Kerneinsatzbereiche

Als mögliche Kerneinsatzbereiche für Social Software wurden im Rahmen der Studie untersucht:

- Wissensmanagement,
- unternehmensinterne Kommunikation sowie
- virtuelle Zusammenarbeit.

Social Software ist für die Mehrheit der Probanden in allen drei Kerneinsatzbereichen relevant. Wissensmanagement nimmt hierbei allerdings mit 54,3% (hoch) und 19,8% (sehr hoch) die Führungsrolle ein. Außerdem sehen 30 bis 40% der Probanden weniger Relevanz in der unternehmensinternen Kommunikation und der virtuellen Zusammenarbeit.

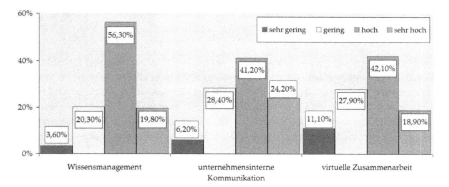

Abbildung 2.11: Wie hoch schätzen Sie die Relevanz von Social Software für die im Folgenden genannten Bereiche in Ihrem Unternehmen ein? (n=190)

2.6 Kritische Erfolgsfaktoren

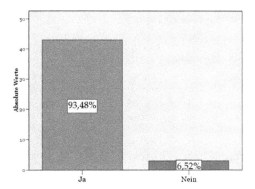

Abbildung 2.12: War das letzte Social Software-Projekt in Ihrem Unternehmen erfolgreich? (n=43)

Von 43 der befragten Personen, die angaben, dass in ihrem Unternehmen innerhalb des letzten Jahres ein Social Software-Projekt durchgeführt wurde, wurden durchweg positive Erfahrungen berichtet. Nur etwa 6,5 % beurteilten das durchgeführte Projekt als „nicht erfolgreich". Dieses Ergebnis ist ein gutes Zeugnis für Social Software und umso mehr für die Unternehmen, deren Einführungsprojekte Erfolge verzeichnen konnten. Es stellt sich aber die Frage, warum diese Projekte erfolgreich sind und welche Faktoren dabei erfolgsbestimmend waren.

13

Der folgende Abschnitt befasst sich folglich mit der dritten Forschungsfrage dieser Studie:

Welche kritischen Erfolgsfaktoren sind bei Einführung und Nutzung zu beachten?

Die Betrachtung wird in die drei Dimensionen MENSCH, ORGANISATION und TECHNIK aufgeteilt. Alle drei Dimensionen müssen berücksichtigt werden, um Social Software im unternehmensinternen Einsatz zum Erfolg zu führen. Aus der Wissensmanagementforschung ist allerdings bekannt, dass der Erfolg maßgeblich von der Fähigkeit und Bereitschaft der Mitarbeiter abhängt, ihr Wissen mitzuteilen[19]. Nach der 80/20-Regel sind 80% des Erfolges organisatorischen und kulturellen Ursprungs, und nur 20% technischen Ursprungs. Hieraus ergibt sich die These:

„Die Herausforderungen der erfolgreichen Einführung und Nutzung von Social Software-Konzepten in Unternehmen sind in erster Linie nicht-technisch."[20]

2.6.1 Mensch

In der Studie wurden die Bereiche Managementunterstützung, Mitarbeitermotivation, Akzeptanz, Angst und Nutzen untersucht um herauszufinden, welches die Erfolgsfaktoren sind, die von den Benutzern bzw. Mitarbeitern ausgehen.

Unterstützung durch das Management

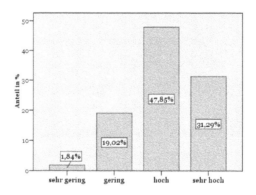

Abbildung 2.13: Unterstützung durch das Management (n=163)

---

[19]vgl. Raabe (2007), S. 62
[20]Komus (2006a), S. 3

Der Einfluss der Unterstützung durch das Management, auch „Management Attention" genannt, wird von 79,14% der Probanden als hoch oder sehr hoch eingeschätzt. Weniger als 2% stuften die Unterstützung „von oben" als sehr gering ein.

Nur wenn die Unternehmensführung hinter dem Projekt steht und Ziele und Nutzen nach außen kommuniziert sind Mitarbeiter langfristig bereit, sich einzubringen. Andernfalls ist die Gefahr hoch, dass sich das Engagement der Mitarbeiter nach ersten Euphoriephase der Einführung im Tagesgeschäft verliert.

Wie können Manager Social Software-Projekte nach außen authentisch unterstützen? Der beste Weg besteht darin, Führungskräfte den Einsatz von Social Software in einem Pilotprojekt selbst erleben zu lassen, damit sie Prinzipien und Nutzen verstehen und verinnerlichen. Darüber hinaus bietet sich die Möglichkeit, Führungskräfte an ihrem Engagement in den drei vorgestellten Kernbereichen zu messen und somit die Aufmerksamkeit für Social Software zu erhöhen.[21]

Mitarbeitermotivation

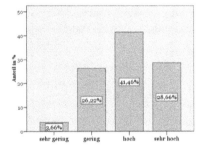
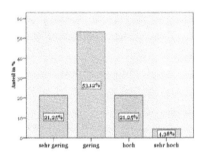

Abbildung 2.14: Fehlende Motivation (n=164)   Abbildung 2.15: Motivation durch materielle Anreize (n=160)

Über 70% der Probanden gaben an, dass fehlende Mitarbeitermotivation einen hohen oder sehr hohen Einfluss auf den Erfolg von Social Software-Projekten ausübt.

Dagegen sind nur 25,63% davon überzeugt, dass die Motivation mit materiellen Anreizen den Erfolg positiv beeinflusst. 74,37% falsifizieren den Nutzen materieller Anreize. Dieses Ergebnis wird durch Sprenger (1997) unterstützt, der in seinem Buch „Mythos Motivation" die These „Alles Motivieren ist Demotivieren" aufstellt. Er lehnt jegliche Art von Anreiz- und Belohnungssystemen ab. Sprenger sieht die voreilige Unterstellung „Mitarbeiter tun ihren Job grundsätzlich nicht gerne und müssen angestachelt werden, damit sie ihn überhaupt tun."[22] als falsch an.

---

[21]vgl. Sauter (2007)
[22]vgl. Sprenger (1997), S. 46

Vielmehr sollte dafür gesorgt werden, dass die Arbeit selbst, und die Tätigkeiten in ihrem Umfeld den Mitarbeitern Freude bereiten und sie in ihren Bedürfnissen befriedigen. Wollen Mitarbeiter ihre Arbeit aufgrund ihres eigenen, inneren Antriebs fertigstellen, um ihre eigene Kompetenz zu bestätigen, spricht man von intrinsischer Motivation[23]. Gerade in den drei definierten Kerneinsatzbereichen sollte den Mitarbeitern nicht durch Anreizsysteme das Signal gegeben werden, dass es sich um Aufgaben handelt, die eigentlich nicht zu den durch das Gehalt abgedeckten Aufgaben gehören. Extrinsische Motivation durch materielle Anreize schafft eine sich steigernde Erwartungshaltung der Mitarbeiter nach immer höherer Belohnung und resultiert durch deren Ausbleiben wiederum in Unzufriedenheit und Demotivation.

Es ist stattdessen wichtig neben der Erfüllung der Hygienefaktoren (wie Arbeitsumfeld, Beziehung zu Vorgesetzten, Unternehmenspolitik) die Ideen, Vorschläge und guten Ergebnisse der Mitarbeiter anzuerkennen, intern zu veröffentlichen (sog. Motivatoren) und die Wissensarbeit und Kommunikation mit Social Software im Unternehmen als Kernaufgabe zu definieren[24].

„Die Anerkennung und Wertschätzung ihrer Arbeit motiviert unsere Mitarbeiter mehr als die großzügige Bezahlung"[25]

Dem Mitarbeiter wird die Wahlfreiheit gegeben. Er selbst übernimmt die Verantwortung über Motivation und Leistungsbereitschaft[26] und wird dabei von seinen Vorgesetzten unterstützt.

Akzeptanz und sichtbarer Nutzen

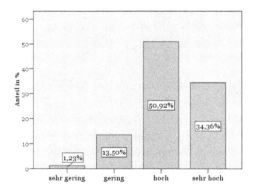

Abbildung 2.16: Akzeptanz durch Mitarbeiter (n=163)

---

[23]vgl. Comelli und Rosenstiel (2003), S. 13; Herzberg (1966)
[24]vgl. Herzberg (1966); Müller (2002); Niermeyer und Seyffert (2007)
[25]vgl. Münster (2007), S. 26
[26]vgl. Sprenger (1997), S. 262

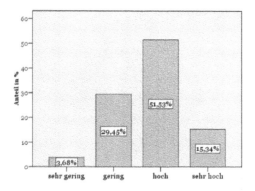

Abbildung 2.17: Zweifel am Nutzen (n=163)

Die Akzeptanz neuer Systeme, neuer Prozesse und neuer Kultur durch die Mitarbeiter ist eine Grundanforderung für Projekte um langfristigen Erfolg zu sichern. Die klare Mehrheit von 85,28% bewertet sie als hoch oder sehr hoch.

Akzeptanz kann geschaffen werden, indem allen Ursachen von Widerstand entgegengewirkt wird. Werden die Ideen und Kritik der Mitarbeiter überhört oder ignoriert, ist jedes Projekt zum Scheitern verurteilt. Dies gilt vor allem dann, wenn sich Mitarbeiter bei der Prozessdefinition übergangen fühlen und sich einer neuen, vom Management bestimmten technischen Lösung unterzuordnen haben[27]. Eine weitere Ursache für fehlende Akzeptanz ist der Zweifel am Nutzen, der in der Umfrage mit 51,53% (hoch) und 15,35% (sehr hoch) als Barriere bewertet wurde. Wird ein neues System als diktierte Mehrlast ohne erkennbaren Sinn empfunden, ist die Akzeptanz gleich null. Aus diesen beiden Gründen müssen betroffene Teams bzw. Mitarbeiter in Planung und Durchführung miteinbezogen werden. So werden die Betroffenen zu Beteiligten und erkennen den Nutzen der neuen Lösung selbst.

Werden speziell Wissensträger und von den Kollegen beliebte und respektierte Mitarbeiter früh eingebunden, wird der Widerstand zusätzlich vermindert.[28] Mitarbeiter, die im privaten Bereich bereits Erfahrungen mit Social Software gemacht haben, können für ein Einführungsprojekt im Unternehmen sehr nützlich sein.

Zur Schaffung von Akzeptanz gehört auch die Schulung der Mitarbeiter. Eine Heranführung an die neuen Medien - zum Beispiel in Form einer kurzen technischen Einführung - hilft, erste Hürden zu überwinden. Zu Projektbeginn und während des Verlaufs sollte unbedingt ein Ansprechpartner für Fragen genannt sein und auch jederzeit zur Verfügung stehen[29].

---

[27]vgl. Markus und Benjamin (1997)
[28]vgl. Rupp (2006), S. 515
[29]vgl. Angeles (2004)

Angst vor Transparenz und Kontrolle

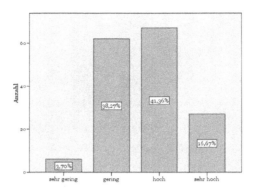

Abbildung 2.18: Angst vor Transparenz und Kontrolle (n=162)

Bei dieser Frage ist die Varianz der Meinungen auffällig. Der Einfluss des sogenannten „FUZ-Faktors", zusammengesetzt aus Furcht, Unsicherheit und Zweifel, wird von 38,27 % als niedrig, sowie von 41,36% als hoch eingestuft. FUZ intensiviert die bereits besprochene fehlende Akzeptanz[30] zu einer regelrechten Angst ausgesaugt zu werden, sein Wissenskapital weiterzugeben, und anschließend als überflüssig freigesetzt zu werden. Fehlendes Vertrauen in das eigene Unternehmen und vor allem das Management verursachen somit eine mangelnde Innovationsbereitschaft.

Funktionierender Einsatz von Social Software bedarf hingegen einer kooperativen, fördernden Unternehmenskultur. Nur wenn diese gelebt wird, dürfte dem FUZ-Faktor nachhaltig vorgebeugt werden[31]. Die Angst vor der Preisgabe von Wissen kann mit der positiven Wirkung einer Sichtbarkeit als wertvoller und aktiver Wissensträger im Unternehmen aufgewogen werden.[32]

Störung der Privatsphäre

„Die Mail vom Chef, die am Wochenende abgerufen wird und die Vorbereitung auf das anstehende Meeting ankündigt oder das Nachfragen der Ehefrau per Messenger bei der Arbeit, ob noch Besorgungen auf dem Heimweg gemacht werden können"[33] sind Beispiele für die Aufweichung der klaren zeitlichen Trennung zwischen Arbeit und Freizeit. Social Software kann

---

[30]vgl. Rupp (2006), S. 514
[31]vgl. Huge (2003)
[32]vgl. Roell (2006)
[33]Kuhlenkamp u. a. (2006), S. 29

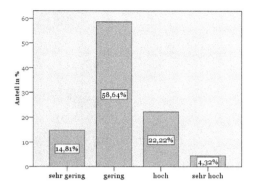

Abbildung 2.19: Störung der Privatsphäre (n=162)

sich auf das Bedürfnis nach Privatsphäre und Ungestörtheit negativ auswirken. Es gibt verschiedene Lösungsansätze, wie den bereits angesprochenen Abwesenheitsstatus im IM-Client, die helfen, die Grenzen zwischen den beiden Bereichen aufrecht zu erhalten.[34] Die Befragten bewerten die Störung der Privatsphäre durch Social Software allerdings zu 73,45% für erfolgsunkritisch (geringer oder sehr geringer Einfluss).

2.6.2 Organisation

Offene Unternehmenskultur

Die Kultur eines Unternehmens wird gebildet durch die Summe der Werte, Einstellungen, Normen und Gebräuche, die das Verhalten der Führungskräfte und Mitarbeiter prägen.[35] Social Software erfordert in vielen Unternehmen einen Wandel der bisherigen Kultur. Einsicht, Verständnis, Offenheit und Kritikfähigkeit des Managements sind Grundvoraussetzungen, da Mitarbeiter mit den neuen Werkzeugen einfach zu bedienende Kommunikationsmedien hinzugewinnen um bisher möglicherweise versteckte Kritik, Ideen und Verbesserungsvorschläge offen zu diskutieren. Eine offene Unternehmenskultur ist für 77,02% (hoch & sehr hoch) der Probanden erfolgskritisch.

Im internationalen Umfeld ist zu beachten, dass auch die regional kulturellen Unterschiede in der Kommunikation einen kritischen Erfolgsfaktor darstellen können.[36] Botschaften werden

---

[34]vgl. Kuhlenkamp u. a. (2006), S. 32
[35]vgl. Riempp (2004), S. 212
[36]vgl. Frost (2006a), S. 53; vgl. Gibson (2007)

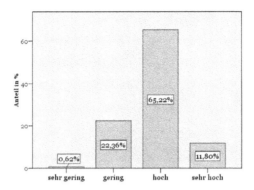

Abbildung 2.20: Offene Unternehmenskultur (n=161)

auf unterschiedlichen Ebenen aufgefasst und deshalb auch von jedem Einzelnen individuell interpretiert[37].

Vorgaben und Benutzungsrichtlinien zur Verwendung

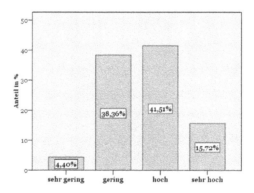

Abbildung 2.21: Vorgaben und Benutzungsrichtlinien zur Verwendung (n=159)

Über Benutzungsrichtlinien sind die Probanden geteilter Meinung, die Mehrheit schätzt den Einfluss aber dennoch als hoch oder sehr hoch ein. Wikis und Weblogs geben dem Mitarbei-

---

[37]vgl. Schulz von Thun u. a. (2000), S. 33ff.

ter die Freiheit ungeprüft zu schreiben und zu ändern. Dagegen entstehen vor allem im höheren Management Bedenken. Was passiert wenn jeder über alles schreiben kann?[38] Verliert das Unternehmen die Kontrolle über die Verwendung der Werkzeuge entsteht die Gefahr des Missbrauchs womit eine Überwachung notwendig wird. Andererseits bedingt Social Software einen kollaborativen Geist, auf den sich Überwachung kontraproduktiv auswirkt. „Ohne Vertrauen in die Mitarbeiter ist ein Wiki oder Blog nur ein weiteres CMS"[39].

Steve Ballmer, CEO der Microsoft Corp., schenkt seinen Angestellten viel Vertrauen:

> *„We trust our people to represent our company. That's what they're paid to do."*[40]

Im internen Einsatz ist es sinnvoll, Mitarbeitern sehr viel Vertrauen entgegenzubringen, dabei aber dem Umgang miteinander einen bestimmten Rahmen zu geben. Hierzu gibt es auch aus der Nutzung anderer Medien und Kommunikationskanäle zahlreiche Erfahrungswerte, die in mehreren Quellen als sog. „Best Practices" zusammengefasst sind. Betrachtet man zum Beispiel die Weblog-Richtlinien namhafter Unternehmen[41], lassen sich die folgenden Gemeinsamkeiten erkennen: Die Unternehmen geben dem Mitarbeiter die persönliche Verantwortung für sein Handeln, weisen auf bereits existierende Regeln hin und bitten um einen freundlichen Umgangston. Außerdem wird darauf hingewiesen, keine Urheberrechte zu verletzen, sich an geltende Gesetze zu halten und im Dialog mit Vorgesetzten zu handeln. Unternehmensgeheimnisse sollen zudem auch mit neuen Werkzeugen Geheimnisse bleiben.[42]

Die Definition der Ziele der einzelnen Systeme und Werkzeuge unterstützt das Verständnis der festgelegten Regeln.

Eine sinnvolle Vorgabe stellt ein Kommunikationsleitfaden dar, der Mitarbeitern empfiehlt, in welcher Situation welches Kommunikationsmedium zu nutzen ist. Um eine einheitliche Strukturierung von Informationen zu erreichen, bietet sich außerdem ein Regelwerk oder ein Standardvokabular an, welches eine einheitliche Kategorisierung vorschlägt.

Einbindung in bestehende Prozesse

Die aktive Nutzung von Social Software durch möglichst viele Mitarbeiter bedingt die Einbindung in die bestehenden Geschäfts- und Unterstützungsprozesse[43] und wird deshalb von 51,85% mit hohem, von 25,93% sogar mit sehr hohem Einfluss auf den Erfolg verbunden.

Auf Basis festgelegter, strategischer Ziele implementiert ein Unternehmen einen oder mehrere Geschäftsprozesse. Die Geschäftsprozesse bestehen aus Aufgaben, die Mitarbeiter mit be-

---

[38]vgl. John u. a. (2005), S. 10
[39]Garcia (2007), S. 87
[40]Ballmer (2006)
[41]IBM, Yahoo!, Hill & Knowlton, Plaxo, Thomas Nelson, Feedster, Groove und Sun
[42]vgl. Wackå (2006); IBM Corp. (2005)
[43]vgl. Bohn (2007a), Abecker (2002)

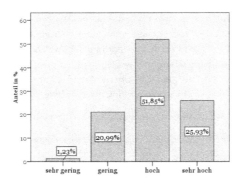

Abbildung 2.22: Einbindung in bestehende Prozesse (n=162)

stimmten Rollen ausführen.[44] In diesen Aufgaben greifen die Mitarbeiter auf das Wissensmanagement, die interne Kommunikation und die virtuelle Zusammenarbeit als Unterstützungsprozesse zurück.

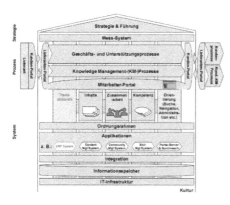

Abbildung 2.23: Architektur für integrierte Wissensmanagement-Systeme im Überblick (Riempp (2004))

Riempp (2004) stellt einen Architekturvorschlag für integrierte Wissensmanagement-Systeme vor (siehe Abbildung 2.23). Entsprechend den Ansätzen des Business Engineerings[45] setzt sich die Architektur aus den drei Ebenen Strategie, Prozesse und System zusammen. Riempp (2004) hebt die Wissensmanagementprozesse als zentrale Unterstützungsprozesse hervor, die über ein Portal mittels Social Software durchgeführt werden. Dazu definiert er die vier funktionalen Säulen Inhalte, Kompetenz, Zusammenarbeit und Orientierung, mit denen sich die vorgestellten Social Software-Werkzeuge in die integrierte WMS-Architektur eingliedern lassen[46].

Folglich wird Social Software in die bestehenden, zentralen Geschäftsprozesse integriert und entlang dieser verwendet. Damit verbunden ist die konsequente Abbildung in den Prozessbeschreibungen und Arbeitsanleitungen.

---

[44]vgl. Riempp (2004), S. 123
[45]vgl. Österle und Blessing (2005), S. 9
[46]vgl. Smolnik und Riempp (2006), S. 19ff.

Fakt ist, dass die Einbindung in bestehende Prozesse einen kritischen Erfolgsfaktor darstellt. Um diesen zu adressieren, bietet sich das vorgestellte Architekturmodell als Beispiel an, wie Social Software sowohl in die Unternehmensprozesse als auch in die Gesamtarchitektur eines Unternehmens integriert werden kann. Über die grundsätzlichen Ansätze des Architekturmodells hinaus bietet Social Software technische Integrationsmöglichkeiten, vor allem in Bezug auf bestehende Informationssysteme. Darauf wird im nächsten Abschnitt genauer eingegangen.

2.6.3 Technik

Integration in bestehende Informationssysteme

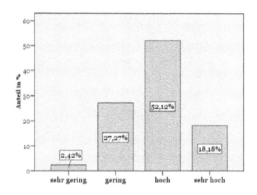

Abbildung 2.24: Integration in bestehende Informationssysteme (n=165)

Die Integration in bestehende Informationssysteme ist für die Probanden kaum weniger bedeutend (52,12% hoch, 18,18% sehr hoch) als die Integration in bestehende Geschäftsprozesse, denn mit Social Software wie Wikis und Weblogs kommt eine Zahl neuer Anwendungen zu den bereits genutzten Instrumenten wie z.B. Intranetanwendungen hinzu.

Um zu vermeiden, dass viele separate Informationssilos entstehen und mehrere Kommunikationskanäle an unterschiedlichen Stellen zu Verwirrung führen ist eine umfassende Integration nötig. Die im vorigen Abschnitt vorgestellte Architektur kann durch technische Lösungen erweitert werden.

An dieser Stelle seien die wichtigsten Integrationsszenarien genannt:

- **Zentrale Suchfunktion**
  Bei der Erschließung von Informationen muss der Benutzer durch Orientierungsfunktio-

nen unterstützt werden.[47] Nur durch unternehmensweite Integration und eine dadurch ermöglichte zentrale Suchfunktion kann das über die verschiedenen Plattformen verstreute Wissen tatsächlich auffindbar bleiben, wie auch aus dem Berlecon-Report „Web 2.0 für Unternehmen"[48] hervorgeht. Eine solche Suchfunktion kann bspw. über ein Portal bereitgestellt werden. Hardware-/Software-Kombinationen für die Unternehmenssuche, wie z.B. die Appliance Google Mini[49], entlasten den Aufwand durch eine Infrastrukturunabhängige Suche im Unternehmensnetzwerk. Die Suchalgorithmen schließen von der Verlinkungshäufigkeit auf die Relevanz und sind deshalb im Web 2.0-Umfeld optimal einzusetzen.

- **Integration von VoIP, IM**
  Durch verschiedene Tools ist es möglich, die bestehende Kommunikationsarchitektur (bestehend aus Telefonanlage, Groupwareserver und -Client) mit Social Software zu verknüpfen.

- **Newsfeeds**
  Möchte man Informationen aus verschiedenen Systemen auf einer Portalseite oder einem Dashboard anzeigen, können Newsfeeds bzw. die RSS-Technik diese Anforderung technisch sehr einfach lösen.

- **Web Services**
  Ein Web Service bezeichnet im Allgemeinen einen Dienst, dessen Funktionalität über Web-Infrastrukturen genutzt werden kann. Die Kommunikation mit einem Web Service erfolgt meist über XML-Nachrichten, die über das HTTP-Protokoll transportiert werden.[50] Web Services ermöglichen die Kopplung heterogener Systemwelten und sind deshalb bevorzugte Technologie um verschiedene Systeme im Enterprise 2.0-Bereich in bestehende Infrastrukturen zu integrieren.

- **Mashups**
  Ein Mashup ist eine Kombination verschiedener Web-Dienste und -Daten zu einer komplett neuen Anwendung. Mashups nutzen offene Programmierstellen, auch API (Application Programming Interfaces) genannt, die viele Web 2.0-Applikationen anbieten.[51] Landkarten aus Google Maps[52], Fotos aus Flickr[53] oder Videos aus YouTube[54] sind typische Beispiele für Elemente, die in Mashups verwendet werden.

Ein eleganter Weg um Integrationsprobleme zu lösen, ist Social Software als ergänzendes Mo-

---

[47]vgl. Riempp (2004), S. 198f.
[48]Bohn (2007a)
[49]vgl. http://www.google.de/enterprise/mini
[50]vgl. Wirdemann und Baustert (2006), S. 199
[51]vgl. Alby (2006), S. 133
[52]vgl. http://maps.google.com
[53]vgl. http://www.flickr.com
[54]vgl. http://www.youtube.com

dul der bereits verwendeten Kernanwendungen einzuführen. Viele Anbieter wie z.b. IBM[55] und Microsoft[56] bieten solche Zusatzprodukte an. Neben den beschriebenen Vorteilen für die Mitarbeiter und verbesserte Einbindung in die Geschäftsprozesse ist für den CIO die Integration in die vorhandene ITK-Infrastruktur weniger mühsam. So wird aus dem Web 2.0-Hype eine „nüchterne Investitionsentscheidung"[57].

Einfache Bedienung

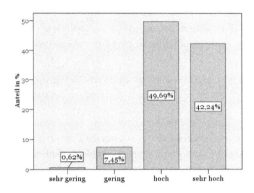

Abbildung 2.25: Einfache Bedienung (n=161)

Das Qualitätsmerkmal um zu beschreiben, wie einfach etwas zu benutzen ist, ist die Usability. Das Ausmaß, wie einfach eine Website zu bedienen ist, wird demnach als „Web Usability" bezeichnet. Der Gedanke hinter der Benutzbarkeit ist simpel: Die Zielgruppe muss den Umgang mit einem Gegenstand / einem System schnell erlernen können und in der Lage sein, ihn effizient zu benutzen. Auch Gefallen und Fehleranfälligkeit spielen eine Rolle.[58]

„Wenn die Nutzer einen Gegenstand weder nutzen möchten noch können, bräuchte er eigentlich gar nicht zu existieren."[59]

Die Umfragewerte sprechen mit 49,69% (hoch) und 42,24% (Sehr hoch) klar dafür, dass die Benutzbarkeit einer Software deren Erfolg wesentlich beeinflusst. Deshalb ist es notwendig sowie

---

[55]vgl. IBM Corp. (2007)
[56]vgl. Microsoft Corporation (2006), S. 6
[57]Bohn (2007b)
[58]vgl. Nielsen und Loranger (2006)
[59]Nielsen und Loranger (2006), S. XVI

beim Entwurf als auch bei der Weiterentwicklung von Social Software gängige Designprinzipien zu beachten. Usability-Experte Jakob Nielsen hat für diesen Zweck einen Leitfaden [60] geschaffen, der mit vielen Praxisbeispielen die Elemente einer Website analysiert, an denen die meisten Benutzer bei der Informationssuche scheitern.
Die drei wichtigsten Designprinzipien sind:[61]

1. **Klare Kommunikation**
   Benutzer verwenden einen minimalen Zeitaufwand für den Erstbesuch einer Seite.
   Es ist wichtig, den Benutzer genau an dieser Stelle zu überzeugen.

2. **Die richtigen Informationen bereitstellen**
   Der Benutzer muss in der Lage sein, so schnell und einfach wie möglich zu den relevanten Informationen zu gelangen und Inhalte nach Relevanz zu bewerten.

3. **Einfaches Layout**
   Ein einfaches, konsistentes Seitenlayout, eine klare Navigation und eine Informationsarchitektur in der Inhalte an der Stelle zu finden sind, an der die Benutzer sie suchen.

Um Benutzer nicht vom ersten Moment an durch komplizierte Bedienung abzuschrecken, sollten vor jeder Einführung von Social Software-Systemen Usability-Tests[62] erfolgen. Testpersonen aus der Zielgruppe, die vom Projektteam unabhängig sind, werden in ihrem Verhalten beobachtet, während sie bestimmte Aufgaben an dem neuen System durchführen. Durch die Analyse des Verhaltens und der Rückmeldungen können Fehler und Probleme schnell aufgedeckt und behoben werden.[63] Dieser Aufwand rechnet sich im Vergleich zu den unabsehbaren Verlusten in Akzeptanz, Produktivität und Glaubwürdigkeit, sobald das System an die gesamte Zielgruppe veröffentlicht wurde.
Die niedrige Einstiegsschwelle ist ein Faktor, der bei Social Software im unternehmensinternen Einsatz zu schnellen Erfolgen führt.

Kontextbildung und Verlinkung von Inhalten

Die Kontextbildung und Verlinkung von Inhalten nimmt mit 64,38% hohem und 13,12% sehr hohem Einfluss eine wichtige Rolle ein. Links werden genutzt und Informationen zu verbinden und in ein „Informationsökosystem" einzubringen. Zusätzlich kann entsprechend dem Prinzip der Auffindbarkeit (Google Pageranking[64]) bei einer großen Anzahl von Benutzern

---

[60]vgl. Nielsen und Loranger (2006)
[61]Nielsen2006
[62]vgl. Sarodnick und Brau (2006)
[63]vgl. Nielsen und Loranger (2006), S. 387
[64]vgl. Przepriorka (2006), S. 26

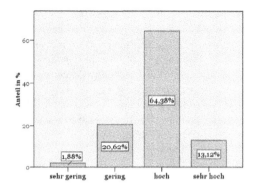

Abbildung 2.26: Kontextbildung und Verlinkung von Inhalten (n=160)

von der Häufigkeit der Verlinkungen einer Information auf deren Relevanz geschlossen werden. Somit unterstützt eine große Anzahl von Benutzern, die Inhalte verlinken kann und darf, die Kontextbildung und Verlinkung und damit auch die Struktur und die Suchfunktion.[65]

Selektierbarkeit von Informationen

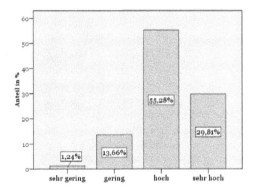

Abbildung 2.27: Selektierbarkeit von Informationen (n=161)

Die Selektierbarkeit von Informationen ist mit 55,28% hoch und 29,91% sehr hohem Einfluss in

---

[65]vgl. McAfee (2006), S. 24

der technischen Ebene erfolgsbestimmend. Da das Angebot an Informationen nahezu unbegrenzt ist und ständig zunimmt, verschiebt sich die Entscheidung darüber, welche Kommunikation relevant ist, vom Sender zum Empfänger. Um relevante Inhalte aus der Informationsflut auswählen zu können, benötigen Mitarbeiter technische Hilfsmittel.[66] Social Software ermöglicht dem Benutzer durch RSS und Dashboards, die Informationen auszuwählen, die ihn interessieren. Durch die Kontextbildung stellen Benutzer Bezüge zwischen Informationen her, die wiederum für andere Benutzer selektierend wirken können. Das heißt, dass Inhalte, die für eine bestimmte Gruppe von Benutzern relevant sind auch sehr wahrscheinlich für einen weiteren Mitarbeiter relevant sein können. Hier kann intelligente Software unterstützend wirken, Informationen vorfiltern und Empfehlungen berechnen.

2.7 Probleme, Gefahren und Risiken

So unbestritten der Nutzen der vorgestellten Einsatzszenarien unter Beachtung der kritischen Erfolgsfaktoren auch sein mag, so wichtig ist es an dieser Stelle auch auf die Probleme, Gefahren und Risiken des unternehmensinternen Einsatzes von Social Software einzugehen.

Datenschutz

Nach einer repräsentativen Umfrage des Meinungsforschungsinstituts Forsa / BITKOM veröffentlicht jeder fünfte Deutsche personenbezogene Daten über sich im Web.[67] Je mehr Informationen in Enterprise 2.0-Systemen gesammelt werden, desto durchsichtiger wird jeder einzelne Mitarbeiter für das Unternehmen. Hier verläuft die Grenze zur Überwachung fließend - Wer arbeitet wann, was und wie viel?[68] Um Transparenz zu schaffen, sollte die Menge der gesammelten Daten eingeschränkt und den Mitarbeitern gegenüber offen kommuniziert werden. Schwierig wird es, wenn proprietäre Werkzeuge externer Anbieter genutzt werden. Sobald ein Dienst eine Benutzeranmeldung verlangt, ist oft nicht nachzuvollziehen, welche Daten gesammelt und gespeichert werden.[69] Die Gefahr des Datenmissbrauchs ist offensichtlich. Gerade beim Einsatz von Social Software im unternehmerischen Umfeld sollte deshalb vorsichtig mit der Weitergabe von Daten an Dritte umgegangen werden. Um sicherzustellen, dass interne und geschäftskritische Information auch im Unternehmen verbleiben, müssen Richtlinien aufgestellt werden, die sich an den Regelungen zum E-Mail-Verkehr richten können. Offene Diskussionen und Brainstormings aus Forschungs- und Entwicklungsabteilungen sind bspw. Informationen, für deren Geheimhaltung gegenüber der Öffentlichkeit aufgrund ihrer

---

[66]vgl. Wittenbrink (2006)
[67]BITKOM und FORSA (2007)
[68]vgl. Franz (2005)
[69]vgl. Möller (2006), S. 5

Unreife gesorgt werden sollte.[70] Darüber hinaus kann der Zugriff auf Informationen im Unternehmen intern durch Berechtigungen beschränkt werden. Für Weblogs bietet sich bspw. ein Drei-Stufen-System[71] an:

1. Zugriff für Jeden
2. Zugriff nur für die Abteilung
3. Zugriff nur für das Projektteam

Informationen im Unternehmen stammen aus verschiedensten Quellen von unterschiedlichen internen und externen Akteuren. Vertraut ein Kunde dem Unternehmen Informationen an und untersagt die Weitergabe, kann die lose Bereitstellung gefährlich sein. In einem Regelwerk für den Umgang mit vertraulichen Informationen sollte demnach auch die Verwendung von Social Software thematisiert und kurz zusammengefasst jedem Mitarbeiter zur Verfügung gestellt werden.[72]

Abhängigkeit und IT-Sicherheit
Die intensive Nutzung externer Dienste birgt neben Datenschutzaspekten weitere Risiken, die bisher aufgrund mangelnder Vorkommnisse unterschätzt wurden. Während eines Systemausfalls des Instant Communication-Anbieters Skype[73] kam die internationale Kommunikation zahlreicher (vorwiegend mittelständischer) Unternehmen weltweit zum Erliegen, da sie sich komplett auf den Anbieter verlassen hatten.[74] Die Abhängigkeit von Social Software ist ein Risiko, das gerade in der Kommunikation durch Ausweichlösungen abgesichert werden sollte. Darüber hinaus wird eine erhöhte Durchlässigkeit der Firewall durch ungeprüft aus dem Netz geladene Anwendungen, die auf die Desktop-Systeme der Mitarbeiter zugreifen können, zu einem ernsthaften Sicherheitsrisiko.[75]

Authentizität und Nachvollziehbarkeit
Authentizität ist ein zentrales Thema im Web 2.0. Beiträge, Kommentare, Informationen und Nachrichten sollten von der Person stammen, die sie mit einer digitalen Identität (Avatar) vorgibt zu sein. Social Software kann die persönliche Kommunikation und Kollaboration im Unternehmen nur dann unterstützen, wenn eine eindeutige Identifikation gewährleistet ist. Gibt es hier Unsicherheit, leidet das Vertrauen in die Technik darunter.
Damit hängt unmittelbar auch die Nachvollziehbarkeit von Aktivitäten zusammen. Informationen, die nicht der Unternehmensphilosophie entsprechen, private Inhalte, Spaßeinträge,

---

[70] vgl. Gfaller (2007)
[71] vgl. Boothby (2006)
[72] vgl. Boothby (2006); Bowles (2006)
[73] vgl. Skype Limited (2007)
[74] vgl. Shaw (2007)
[75] vgl. Gfaller (2007)

Spam und rechtswidrige Inhalte können im Gegensatz zu einer versandten Massen-E-Mail leicht zurückgenommen oder gesperrt werden. Social Software-Werkzeuge bieten meist Kontrolle über Einträge und Inhalte. Eine eindeutige Zurückverfolgung ist dennoch nur möglich, wenn die sichere Zuordnung zum Sender gewährleistet ist.

Risikomanagement
Der Einsatz von Social Software sollte bezüglich aller drei Themen mit Security- und Risikomanagement[76] verbunden sein. Es gilt Problemen, Risiken und Gefahren so entgegenzutreten, dass eine Balance zum wirtschaftlichen Nutzen der Software entsteht.

2.8 Grenzen

Zusätzlich ist zu diskutieren, wo Social Software im unternehmensinternen Einsatz an Grenzen stößt. Die intensive Nutzung von SoSo tendiert dazu, persönlichen Kontakt zwischen den Mitarbeitern zu reduzieren. Vor allem Führungsaufgaben sollten nicht ausschließlich über Informationssysteme und über Distanz stattfinden. Ein gewisser persönlicher Kontakt, schon allein das Kennenlernen, schafft eine notwendige Vertrauensbasis für die virtuelle Zusammenarbeit[77] und steht für eine größere Lösungskompetenz.

Ob sich Social Software in einem bestimmten Bereich eignet, hängt stark von den Aufgaben und Rahmenbedingungen ab. SoSo ist die beste Lösung für Gruppenaufgaben, in denen das Entwickeln von Ideen und Konzepten sowie deren Realisierung im Vordergrund steht. Tendenziell weniger geeignet ist sie, wenn Einzelarbeit verrichtet wird oder keine räumliche bzw. zeitliche Trennung vorhanden ist. Außerdem lassen sich klar strukturierte Abläufe nicht sehr einfach mit SoSo abbilden. Durch den webbasierten Charakter ist hohe Sicherheitsrelevanz eine weitere Grenze für den Einsatz von Social Software.[78]

2.9 Konzeptentwurf

Wenn Du ein Schiff bauen willst, so trommle nicht Männer zusammen, um Holz zu beschaffen, Werkzeuge vorzubereiten, Aufgaben zu vergeben und die Arbeit einzuteilen, sondern lehre die Männer die Sehnsucht nach dem weiten endlosen Meer. - Antoine de Saint-Exupéry

Bei der Einführung von Social Software im Unternehmen empfiehlt es sich, Best Practices zu folgen und nach Möglichkeit auf Basis von Vorgehensmodellen zu handeln. Gerade in diesem

---

[76]vgl. Gfaller (2007)
[77]vgl. Pesch (2007), S. 31
[78]vgl. Komus (2006b), S.43

Bereich handelt es sich oftmals um Pilotprojekte, die auf Widerstand stoßen können. In Rahmen dieser Studie soll allerdings kein fachliches Vorgehensmodell aufgestellt werden, sondern vielmehr ein praktisch orientierter Konzeptentwurf dargestellt werden, der in Anlehung an die Modelle und Einführungsempfehlungen von Raabe (2007), Cavazza (2007); Frappaolo (2006) die wichtigsten Schritte von der Ist-Analyse bis zur kontinuierlichen Überwachung zusammenfasst:

1. Ist-Analyse

   - Bestimmung organisatorischer Abläufe z.B. mittels arbeitsbegleitender Beobachtung und der Auswertung von Dokumenten
   - Erfassung der Unternehmenskultur durch Interviews
   - Suche nach existierenden Initiativen innerhalb des Unternehmens
     Möglicherweise Umfragen durchführen um herauszufinden, welche Social Software-Werkzeuge die Mitarbeiter bereits kennen und verwenden
   - Schlüsselpersonen bzw. Wissensträger identifizieren, die leicht zu überzeugen sind und die Motivation anderer Mitarbeiter übernehmen können
   - Ausarbeiten eines Projektplans, um mehrere verschiedene Werkzeuge in getrennten Abteilungen parallel zu testen

2. Soll-Konzept

   - Aufnahme von Anforderungen - Was soll wie durch Social Software unterstützt werden? Was sind die Ziele des Managements?
   - Evaluation von Software, die die Anforderungen erfüllt
   - Indikatoren festlegen um Verbesserungen zu messen
     Hierzu können die Leistungsindikatoren[79] von Smolnik und Riempp (2006) adaptiert werden

3. Testphase

   - Tägliche Unterstützung und Reviews
   - Erfolgsüberprüfung nach 2-3 Monaten
   - Zusammenfassung der Ergebnisse
   - Entwicklung einer Einführungsstrategie einschließlich der Analyse und Minimierung von Risiken und der Ausarbeitung eines Integrationskonzepts
   - Entscheidung des Managements über die Einführung

4. Gestaltungs- und Anpassungsphase

   - Anpassung der Funktionen an die Bedürfnisse

---

[79]vgl. Smolnik und Riempp (2006), S. 23ff.

- Anpassung der Benutzeroberfläche in Verbindung mit Usability Tests
- Verantwortliche für SoSo bestimmen
- Benutzungsrichtlinien verfassen

5. Implementierung

- Internes Marketing durch Newsletter, Präsentation und Ankündigung durch Geschäftsleitung
- Schulung der Mitarbeiter, bestenfalls direkt durch Kollegen
- Anerkennung für Engagement, Messen von Mitarbeitern und Management nach Nutzung der neuen Technologien
- Betreuung der Mitarbeiter über eine Hotline, einen Service-Desk oder einen zentralen Ansprechpartner

6. Kontinuierliche Überwachung und Verbesserung

- Überwachung der inhaltlichen Entwicklung
- Überwachung der Risiken
- Überwachung der Erfolgsindikatoren
- Kontinuierliches Verbessern der Systeme und deren Integration in die Infrastruktur und Prozesse

3 Schlussbetrachtung

„Vorsprung durch Technik" lautet die Philosophie eines deutschen Automobilherstellers[80]. Für den Erfolg des unternehmensinternen Einsatzes von Social Software ist Technologie zwar notwendige aber nicht hinreichende Voraussetzung. Um sich langfristig im Unternehmen zu etablieren, erfordert Enterprise 2.0 eine hohe Akzeptanz und Motivation der Mitarbeiter, eine offene und partnerschaftliche Kultur und die zielgerichtete Integration in Prozesse und Kommunikationskanäle.

Insgesamt kann der unternehmensinterne Einsatz von Social Software aufgrund der nichttechnischen Erfolgsfaktoren ausschließlich individuell (d.h. für jedes Unternehmen spezifisch) betrachtet werden. Unternehmen stehen in der Pflicht, Kultur und Organisation so zukunftsfähig und offen zu gestalten, dass sich Social Software erfolgreich etablieren kann. Ansonsten scheitern die Bemühungen - nicht an den Werkzeugen, sondern am Unternehmen selbst. Nicht jedes Unternehmen, das es versucht, wird mit Social Software erfolgreich sein. Gelingt dies jedoch, kann durch einen effizienteren Informationsfluss, der Optimierung des Wissensmanagements und deutlichen Produktivitätssteigerungen in der virtuellen Zusammenarbeit mittels Social Software schließlich von einem klaren Wettbewerbsvorteil profitiert werden.

3.1 Zusammenfassung

Die in dieser Studie behandelte Problemstellung wurde eingangs in drei Fragen aufgeteilt. Für jede dieser Fragen wurden im Verlauf der Studie Antworten entwickelt, die an dieser Stelle nochmals zusammengefasst werden sollen:

1. **Wo ist der Einsatz von Social Software im Unternehmen sinnvoll?**
   Als Kerneinsatzbereiche von Social Software wurden das Wissensmanagement, die unternehmensinterne Kommunikation und die virtuellen Zusammenarbeit definiert. Die Probleme dieser Bereiche wurden dargestellt und Lösungswege mittels Social Software aufgezeigt. Die Relevanz von Social Software für diese Bereiche wurde zusätzlich durch die Studie bestätigt.

---

[80]vgl. http://www.audi.de

2. **Welche Arten von Social Software stiften im Unternehmenseinsatz Mehrwert?**
Unter dem Stichwort Enterprise 2.0 wurden sieben verschiedene Klassen von Social Software auf deren Einsatzmöglichkeiten in Unternehmen überprüft. In der Studie wurden vorwiegend Wikis, Instant Messaging und die Werkzeuge der virtuellen Zusammenarbeit genannt.

3. **Welche kritischen Erfolgsfaktoren sind bei Einführung und Nutzung zu beachten?**
Durch die Umfrage wurden zahlreiche kritische Erfolgsfaktoren aufgedeckt und Lösungswege aufgezeigt, diesen entgegenzutreten. Darauf aufbauend wurde ein Konzept zur Einführung von Social Software im Unternehmen entwickelt.

3.2 Ausblick

Die heutige „MySpace-Generation"[81], die mit Social Software als gewöhnlichem Alltagskommunikationsmittel aufwächst und häufig ihr gesamtes Privatleben im WWW abbildet überträgt die Anwendung dieser Werkzeuge vom privaten in den geschäftlichen Bereich aus Gewohnheit und Kenntnis der Vorteile.

„Der Einsatz von Social Software im Unternehmen ist keine Innovation sondern eine notwendige Antwort auf die Nachfrage junger Mitarbeiter."[82]

Tochtermann und Pellegrini (2007) argumentieren überspitzt, dass Unternehmen, die keine Web 2.0-Anwendungen einsetzen, künftig keine jungen Mitarbeiter mehr finden werden. Diese Entwicklung unterstützt in den kommenden Jahren ein stetiges Wachstum der Bedeutung von Social Software für Unternehmen, so dass sie schon bald selbstverständlich für uns sein wird. Dadurch, dass alle Mitarbeiter mit immer weniger Schulungsaufwand Inhalte erstellen, editieren und verknüpfen können, wird die Zusammenarbeit und Kommunikation über Social Software zu einem dynamischen System, welches sich selbst ohne Einfluss von außen weiterentwickelt.[83] Es liegt an den Unternehmen, diese Anforderungen zu erfüllen und mit ständiger Erfolgskontrolle der eigenen Systeme die Entwicklung des Web 2.0 weiterzuverfolgen.

---

[81]Hempel und Lehman (2007)
[82]Cavazza (2007)
[83]vgl. McAfee (2007)

Es existieren Werkzeuge, Vorgehensmodelle, Einsatzszenarien und mit dieser Studie auch empirische Daten über die Erfolgsfaktoren bei der Einführung von Social Software. Was jetzt noch fehlt? Die Initiative von immer mehr Unternehmen, die berichteten Erfolge wahrzunehmen und die eigene Organisation auf den Prüfstand zu stellen.

Technisch gesehen wird die Enterprise 2.0-Architektur der kommenden Jahre basierend auf der Serviceorientierten Architektur (SOA) zahlreiche Systeme durch Integration miteinander verknüpfen und ineinander verzahnen. Immer mehr werden Social Software-Werkzeuge direkt auf die Unterstützung von Prozessen zugeschnitten werden. Aus dem Praxiseinsatz gewonnene Erkenntnisse kombiniert mit Modellen aus dem Wissensmanagement[84] können schließlich durch Aktionsforschung zu der Neuentwicklung eines Architekturmodells integrierter Social Software beitragen. Dafür sollten allerdings auch die in dieser Studie ausgeblendeten extern gerichteten Einsatzmöglichkeiten miteinbezogen werden.

---

[84]vgl. Riempp (2004), S. 117

Literaturverzeichnis

[Abecker 2002] ABECKER, Andreas et a.: *Geschäftsprozessorientiertes Wissensmanagement*. Berlin, Heidelberg, New York : Springer Verlag (Xpert.press), 2002

[Alby 2006] ALBY, Tom: *Web 2.0. Konzepte, Anwendungen, Technologien*. München/Wien : Carl Hanser Verlag, 2006

[Angeles 2004] ANGELES, Michael: Features - Using a Wiki for Documentation and Collaborative Authoring. (2004). – URL http://www.llrx.com/features/librarywikis.htm. – Zugriffsdatum: 08.09.2007

[Bächle 2006] BÄCHLE, Michael: Social Software. In: *Informatik-Spektrum* 29. Ausgabe (2006), S. 121–124

[Ballmer 2006] BALLMER, Steve: Interview mit Channel 9. (2006). – URL http://channel9.msdn.com/ShowPost.aspx?PostID=85529. – Zugriffsdatum: 08.09.2007

[Berlecon Research 2007] BERLECON RESEARCH: Berlecon: Web 2.0 bringt Effizienzgewinne für Unternehmen. (2007). – URL http://www.berlecon.de/press/index.php?we_objectID=336. – Zugriffsdatum: 02.08.2007

[BITKOM und FORSA 2007] BITKOM ; FORSA: Jeder Fünfte hat eine private Internet-Präsenz. (2007). – URL http://www.bitkom.org/47504_47500.aspx. – Zugriffsdatum: 14.08.2007

[Bohn 2007a] BOHN, Philipp: Social Software: Web 2.0 als integraler Bestandteil der IT-Strategie. In: *Perspektive Mittelstand* (2007). – URL http://www.perspektive-mittelstand.de/Redaktionsdienst/detail.php?article_old_ID=1189. – Zugriffsdatum: 02.08.2007

[Bohn 2007b] BOHN, Philipp: Web2.0: Nur ein Softwaremodul? (2007). – URL http://weblog.berlecon.de/archives/2007/05/16/web20-nur-ein-softwaremodul/. – Zugriffsdatum: 27.08.2007

[Boothby 2006] BOOTHBY, Rod: Enterprise Web 2.0 - Great site - Interesting Top 10. (2006). – URL http://innovationcreators.com/wp/?p=193. – Zugriffsdatum: 01.09.2007

[Bowles 2006] BOWLES, Jerry: Top 10 Management Fears About Enterprise Web 2.0. (2006). – URL http://www.enterpriseweb2.com/?p=10. – Zugriffsdatum: 01.09.2007

[Bullen und Rockart 1981] BULLEN, Christine V. ; ROCKART, John F.: *A Primer on Critical Success Factors*. Sloan School of Management, 1981

[Cavazza 2007] CAVAZZA, Fred: What is   Enterprise 2.0?   (2007). –   URL http://fredcavazza.net/2007/07/27/what-is-enterprise-20/. – Zugriffsdatum: 23.08.2007

[Comelli und Rosenstiel 2003] COMELLI, Gerhard ; ROSENSTIEL, Lutz v.: *Führung durch Motivation - Mitarbeiter für Organisationsziele gewinnen*. München : Verlag Franz Vahlen, 2003

[FOCUS 2007] FOCUS: Communication Networks 10.1 Trend / FOCUS MediaLine. URL   http://www.medialine.de/hps/client/medialn/hxcms/production_ category/rdirect/medialn_article_forschung/forschung/communication_ networks_10.1/HXCORE_NAV_5000038.hbs. – Zugriffsdatum: 01.08.2007, 2007. – Forschungsbericht

[Franz 2005] FRANZ, Julia: Praktiken des Bloggens im Spannungsfeld von Demokratie und Kontrolle. In: SCHMIDT, Jan (Hrsg.) ; SCHÖNBERGER, Klaus (Hrsg.) ; STEGBAUER, Christian (Hrsg.): *Erkundungen des Bloggens. Sozialwissenschaftliche Ansätze und Perspektiven der Weblogforschung*. kommunikation@gesellschaft, 2005. – URL http://www.soz. uni-frankfurt.de/K.G/B6_2005_Franz.pdf. – Zugriffsdatum: 14.08.2007

[Frappaolo 2006] FRAPPAOLO, Carl: *Knowledge Management*. West Sussex : Capstone Publishing, 2006

[Frost 2006a] FROST, Ingo: Das Wikipedia-Phänomen. In: *Wissensmanagement* 9 (2006)

[Frost 2006b] FROST, Ingo: *Zivilgesellschaftliches Engagement in virtuellen Gemeinschaften - Eine systemwissenschaftliche Analyse des deutschsprachigen Wikipedia-Projektes*. Herbert Utz Verlag, 2006

[Garcia 2007] GARCIA, Jürgen S.: *Enterprise 2.0*. Saarbrücken : VDM Verlag Dr. Müller, 2007

[Gfaller 2007] GFALLER, Hermann: Gartner mahnt Unternehmen zur Vorsicht bei Web-2.0-Projekten. In: *ZDNet* (2007). – URL http://www.zdnet.de/itmanager/kommentare/ 0,39023450,39157048-1,00.htm. – Zugriffsdatum: 07.09.2007

[Gibson 2007] GIBSON, Robert: Looking East. In: *Business Spotlight* 5 (2007), S. 36–41

[Hempel und Lehman 2007] HEMPEL, Jessi ; LEHMAN, Paula: The MySpace Generation. In: *BusinessWeek* (2007). – URL http://www.businessweek.com/magazine/content/ 05_50/b3963001.htm. – Zugriffsdatum: 01.10.2007

[Herzberg 1966]   HERZBERG, Frederick: *Work and the nature of man.* New York : World Publishing Company, 1966

[Huge 2003]   HUGE, Wolfgang: Wissensmanagement zwischen Wirklichkeit und Illusion. In: *perspektive:blau* (2003). – URL http://www.perspektive-blau.de/artikel/0308b/0308b.htm. – Zugriffsdatum: 06.08.2007

[IBM Corp. 2005]   IBM CORP.:   IBM blogging policy and guidelines.   (2005). – URL http://www-03.ibm.com/developerworks/blogs/page/jasnell?entry=blogging_ibm. – Zugriffsdatum: 01.08.2007

[IBM Corp. 2007]   IBM CORP.: Mit Business Social Software vernetzt IBM Menschen und Informationen. (2007). – URL http://www-05.ibm.com/de/pressroom/presseinfos/2007/06/26_2.html. – Zugriffsdatum: 24.09.2007

[John u. a. 2005]   JOHN, Michael ; SCHMIDT, Stephan ; DECKER, Björn: Community-Management in Unternehmen mit Wiki- und Weblogtechnologien. In: MEISSNER, Klaus E. (Hrsg.): *Virtuelle Organisation und Neue Medien 2005* TU Dresden (Veranst.), Workshop Ge-NeMe, 2005

[Komus 2006a]   KOMUS, Ayelt: Social Software - Einsatzmöglichkeiten im Unternehmen. In: *FAZIT Forschung - Wissenschaftlicher Workshop: Social Software in der Wertschöpfung.* Stuttgart, 2006

[Komus 2006b]   KOMUS, Ayelt: Social Software als organisatorisches Phänomen - Einsatzmöglichkeiten im Unternehmen. In: *HMD - Praxis der Wirtschaftsinformatik* 252 (2006), Dezember, S. 36–44

[Kuhlenkamp u. a. 2006]   KUHLENKAMP, Andreas ; MANOUCHEHRI, Shakib ; MERGEL, Ines ; WINAND, Udo: Privatsphäre versus Erreichbarkeit bei der Nutzung von Social Software. In: *HMD - Praxis der Wirtschaftsinformatik* 252 (2006), Dezember, S. 27–35

[Linde 2005]   LINDE, Frank: Barrieren und Erfolgsfaktoren des Wissensmanagements. In: *Kölner Arbeitspapiere zur Bibliotheks- und Informationswissenschaft* 47 (2005), März

[Markus und Benjamin 1997]   MARKUS, M. L. ; BENJAMIN, Robert I.: The magic bullet theory of IT-enabled transformation. In: *MIT Sloan Management Review* 38 (1997), Nr. 2, S. 55–68

[McAfee 2007]   MCAFEE, Andrew: How will Web 2.0 technologies contribute to 'Enterprise 2.0?'.   (2007). – URL http://drfd.hbs.edu/fit/public/facultyInfo.do?facInfo=res\&facEmId=amcafee\&loc=extn. – Zugriffsdatum: 09.08.2007

[McAfee 2006]   MCAFEE, Andrew P.: Enterprise 2.0: The Dawn of Emergent Collaboration. In: *MIT Sloan Management Review* 47 (2006), Nr. 3

[McKinsey 2007]   MCKINSEY: How businesses are using Web 2.0: A McKinsey Global Survey.   URL http://www.mckinseyquarterly.com/article_page.aspx?ar=1913&pagenum=1. – Zugriffsdatum: 01.08.2007, 2007. – Forschungsbericht

[Microsoft Corporation 2006]   MICROSOFT CORPORATION: Bringing Web 2.0 to the Enterprise with the 2007 Office System. (2006)

[Möller 2006]   MÖLLER, Erik: Bedeutung, Anwendungen und Einsatzpotentiale von Social Software. In: *HMD - Praxis der Wirtschaftsinformatik* 252 (2006), Dezember, S. 4–5

[Müller 2002]   MÜLLER, Gabriele: Wie Sie durch die richtige Dosis an Lob und Anerkennung die Leistung Ihrer Mitarbeiter steigern. In: *Praxishandbuch Personal* Bd. M71. Verlag für die Deutsche Wirtschaft, 9 2002, S. 23–49

[Münster 2007]   MÜNSTER, Bernhard: Die Verbindung herstellen. In: *personalmagazin* (2007), Juni, S. 24–26

[Nielsen und Loranger 2006]   NIELSEN, Jakob ; LORANGER, Hoa: *Web Usability*. München : Addison-Wesley, 2006

[Niermeyer und Seyffert 2007]   NIERMEYER, Rainer ; SEYFFERT, Manuel: *Motivation*. 3. Planegg : Haufe Verlag, 2007

[Österle und Blessing 2005]   ÖSTERLE, Hubert ; BLESSING, Dieter: Ansätze des Business Engineering. In: *HMD - Praxis der Wirtschaftsinformatik* 241 (2005), Februar, S. 7–17

[Paludan 2007]   PALUDAN, Johann P.: Changing forms of work in the global competition. (2007). – URL http://www.cifs.dk/scripts/artikel.asp?id=1519&lng=2. – Zugriffsdatum: 18.08.2007

[Pesch 2007]   PESCH, Ulrike: Meetings auf Distanz. In: *personalmagazin* (2007), Juni, S. 28–31

[Piller und Reichwald 2006]   PILLER, Frank ; REICHWALD, Ralf: *Interaktive Wertschöpfung - Open Innovation, Individualisierung und neue Formen der Arbeitsteilung*. Wiesbaden : Gabler Verlag, 2006

[Przepriorka 2006]   PRZEPRIORKA, Sven: Weblogs, Wikis und die Dritte Dimension. In: PICOT, Tim (Hrsg.): *Weblogs professionell*. Heidelberg : dpunkt.verlag, 2006, S. 13–27

[Raabe 2007]   RAABE, Alexander: *Social Software im Unternehmen*. Saarbrücken : VDM Verlag Dr. Müller, 2007

[Riempp 2004]   RIEMPP, Gerold: *Integrierte Wissensmanagementsysteme*. Berlin, Heidelberg, New York : Springer Verlag, 2004

[Roell 2006]   ROELL, Martin: Knowledge Blogs - Persönliche Weblogs im Intranet als Werkzeuge im Wissensmanagement. In: PICOT, Tim (Hrsg.): *Weblogs professionell*. Heidelberg : dpunkt.verlag, 2006, S. 95–112

[Rupp 2006]   RUPP, Chris: *Requirements Engineering und Management - Professionelle Iterative Anforderungsanalyse für die Praxis*. München, Wien : Hanser Verlag, 2006

[Sarodnick und Brau 2006]   SARODNICK, Florian ; BRAU, Henning: *Methoden der Usability Evaluation - Wissenschaftliche Grundlagen und praktische Anwendnung*. Bern : Hans Huber, 2006

[Sauter 2007]   SAUTER, Werner: New Blended Learning mit Web 2.0. In: *Symposium „Kompetenzentwicklung im Netz"*. Stuttgart, 2007

[Shaw 2007]   SHAW, Russell: Here's why the Skype sign-in outage WON'T matter much. (2007). – URL http://blogs.zdnet.com/ip-telephony/?p=2209. – Zugriffsdatum: http://blogs.zdnet.com/ip-telephony/?p=2209

[Skype Limited 2007]   SKYPE LIMITED: Problems with Skype login. (2007). – URL http:// heartbeat.skype.com/2007/08/problems_with_skype_login.html. – Zugriffsdatum: 16.08.2007

[Smolnik und Riempp 2006]   SMOLNIK, Stefan ; RIEMPP, Gerold: Nutzenpotenziale, Erfolgsfaktoren und Leistungsindikatoren von Social Software für das organisationale Wissensmanagement. In: *HMD - Praxis der Wirtschaftsinformatik* 252 (2006), Dezember, S. 17–26

[Sprenger 1997]   SPRENGER, Reinhard K.: *Mythos Motivation - Wege aus einer Sackgasse*. Frankfurt, New York : Campus Verlag, 1997

[Statistisches Bundesamt 2003]   STATISTISCHES BUNDESAMT: *Klassifikation der Wirtschaftszweige mit Erläuterungen - Ausgabe 2003*. Wiesbaden : Statistisches Bundesamt, 2003

[Schulz von Thun u. a. 2000]   THUN, Friedemann Schulz von ; RUPPEL, Johannes ; STRATMANN, Roswitha: *Miteinander reden für Führungskräfte*. Rowohlt Tb., 2000

[Tochtermann und Pellegrini 2007]   TOCHTERMANN, Klaus ; PELLEGRINI, Tassilo: Das Phänomen Web 2.0 etabliert endlich auf breiter Basis eine Kultur der Offenheit und des Wunschs nach Kommunikation und Kollaboration. (2007). – URL http://www.semantic-web.at/10.36.190.article. klaus-tochtermann-das-phaenomen-web-2-0-etabliert-endlich-auf-breit\ er-basis-eine-kultur-de.htm. – Zugriffsdatum: 30.07.2007

[Wackå 2006]   WACKÅ, Fredrik: Policies compared: Today's corporate blogging rules. (2006). – URL http://corporateblogging.info/2005/06/ policies-compared-todays-corporate.asp. – Zugriffsdatum: 08.09.2007

[Wirdemann und Baustert 2006]   WIRDEMANN, Ralf ; BAUSTERT, Thomas: *Rapid Web Development mit Ruby on Rails*. München, Wien : Hanser Verlag, 2006

[Wittenbrink 2006]   WITTENBRINK, Heinz: Web Publishing aus systemtheoretischer Sicht. (2006). – URL http://heinz.typepad.com/lostandfound/2006/09/in_arbeit_web_p.html. – Zugriffsdatum: 08.09.2007

[Wright 2006]   WRIGHT, Jeremy: *Blogmarketing als neuer Weg zum Kunden*. Heidelberg : Redline Wirtschaft, 2006

Die in der Studie referenzierten Internetquellen und weiterführende Links sind unter **http://del.icio.us/socialsoftwarelinks** zusammengetragen.

Weiterführende Informationen finden sich auf dem Weblog zur Studie unter **http://www.socialsoftwareblog.net**